Anne Schlosser

Drei Schritte zum MLM-Sponsoring-Erfolg

Garantierter Sponsoring-Erfolg in drei einfachen Schritten

Bibliografische Information der Deutschen Nationalbibliothek:
Die Deutsche Nationalbibliothek verzeichnet diese Publikation in der Deutschen Nationalbibliografie; detaillierte bibliografische Daten sind im Internet über http://dnb.dnb.de abrufbar.

© 2013 Anne Schlosser

Foto: © stockpics - Fotolia.com
Umschlaggestaltung: Sophia Valkova
Lektorat: Annette Scholonek

Herstellung und Verlag: BoD – Books on Demand, Norderstedt

ISBN: 978-3-7347-5896-6

Das Werk einschließlich aller Inhalte ist urheberrechtlich geschützt. Alle Rechte vorbehalten. Nachdruck oder Reproduktion (auch auszugsweise) in irgendeiner Form (Druck, Fotokopie oder anderes Verfahren) sowie die Einspeicherung, Verarbeitung, Vervielfältigung und Verbreitung mit Hilfe elektronischer Systeme jeglicher Art, gesamt oder auszugsweise, ist ohne ausdrückliche schriftliche Genehmigung des Verlages untersagt. Alle Übersetzungsrechte vorbehalten.

Die Benutzung dieses Buches und die Umsetzung der darin enthaltenen Informationen erfolgt ausdrücklich auf eigenes Risiko. Der Verlag und auch der Autor können für etwaige Unfälle und Schäden jeder Art, die sich beim Besuch von in diesem Buch aufgeführten Orten ergeben (z.B. aufgrund fehlender Sicherheitshinweise), aus keinem Rechtsgrund eine Haftung übernehmen. Rechts- und Schadenersatzansprüche sind ausgeschlossen.

Das Werk inklusive aller Inhalte wurde unter größter Sorgfalt erarbeitet. Dennoch können Druckfehler und Falschinformationen nicht vollständig ausgeschlossen werden. Der Verlag und auch der Autor übernehmen keine Haftung für die Aktualität, Richtigkeit und Vollständigkeit der Inhalte des Buches, ebenso nicht für Druckfehler. Es kann keine juristische Verantwortung sowie Haftung in irgendeiner Form für fehlerhafte Angaben und daraus entstandenen Folgen vom Verlag bzw. Autor übernommen werden. Für die Inhalte von den in diesem Buch abgedruckten Internetseiten sind ausschließlich die Betreiber der jeweiligen Internetseiten verantwortlich.

Inhaltsverzeichnis

Vorwort		**7**
1	**Vorarbeit: Authentizität**	**11**
2	**1. Schritt: Das Motiv**	**13**
	2.1 Fehlerquelle 1	13
	2.2 Fehlerquelle 2	15
	2.3 Fehlerquelle 3	17
	2.4 Fehlerquelle 4	17
	2.5 Fehlerquelle 5	19
	2.6 Beispiele von »Warum«	20
3	**2. Schritt: Interesse wecken**	**24**
	3.1 Fehlerquelle 6	25
	3.2 Fehlerquelle 7	26
4	**3. Schritt: Informieren**	**28**
	4.1 Fehlerquelle 8	28
	4.2 Fehlerquelle 9	29
5	**Abschluss**	**32**
6	**Nachwort**	**34**

Vorwort

Die meisten Network-Marketing-Unternehmer erleben am Anfang ihrer Karriere weitgehend dasselbe. Sie haben sich in ein System eingeschrieben und sind im Idealfall von ihren angebotenen Produkten begeistert oder glauben zumindest an das Potenzial, sich damit das berühmte »passive Einkommen« aufzubauen.

In dieser Anfangseuphorie suchen sie nun ihr Umfeld heim: Familie, Freunde und Verwandte. Sie versuchen jeden davon zu überzeugen, ebenfalls einzusteigen oder doch wenigstens die wunderbaren Produkte zu kaufen.

Dann schlägt das Leben zu. Womöglich schreibt sich ein Bekannter ein, weil die Euphorie des neuen Unternehmens ansteckend wirkt, vielleicht auch, um endlich seine Ruhe zu haben. Viele werden aber ablehnend reagieren und etwas von »Schneeballsystem«

anmerken. Je nach der Penetranz des Neuunternehmers (er hat ja gelernt, dass ein »Nein« lediglich heißt, dass »noch eine Information nötig ist«) wird sich die Person eventuell sogar ganz zurückziehen.

Geschieht dies mehrere Male, wirkt sich das oft auf die Motivation des Neuunternehmers aus und er wird künftige Gespräche schon mit der Erwartungshaltung schon mit der Erwartung von Misserfolg beginnen. Eventuell malt er sich bereits Reaktionen auf die verschiedenen Absage-Motive aus, um »das Rad doch noch herumzureißen«.

Die Vertriebserfolge stagnieren. Es braucht immer mehr Kraft, neue Menschen anzusprechen und ihnen den Vorteil der Produkte oder der Geschäftsidee darzulegen. Schließlich gibt er auf. Der Traum vom »passiven Einkommen« hat sich aufgelöst.

Grund dafür ist nicht, dass etwas am Provisionsplan oder an den Produkten falsch wäre, sondern ausschließlich, dass der betreffende

»Neu-MLM-Unternehmer« wahrscheinlich schlecht von seinem Sponsor ausgebildet wurde. Sonst würde er die drei Schritte zum Sponsoring-Erfolg bereits kennen und hätte damit ein Vielfaches mehr an Sponsoring-Erfolg. Ich selbst, aber auch Menschen in meiner Downline[1], sponsoren[2] damit bereits

---

1 Wikipedia schreibt zu Downline:
*Im Netzwerk-Marketing für Konsumgüter brauchen Berater keine bestimmten Voraussetzungen wie z. B. einen Schul- oder Berufsabschluss. Sie sind als Händler oder Handelsvertreter von Anfang an selbst für ihre gewerbe-, sozial- und handelsrechtlichen Anmeldungen verantwortlich und werden in der Regel von Nicht-Kaufleuten, die in ihrer
sog. Upline an ihnen mitverdienen, angeleitet. Als Upline oder Strukturhöhere werden alle in der Hierarchie über einem Handelsvertreter stehenden und
als Downline oder Mitarbeiter alle unter ihm stehenden Handelsvertreter bezeichnet.*

2 Wikipedia zu Sponsor / sponsoren

Die Organisationsstruktur des Netzwerk-Marketings ähnelt grafisch einer Pyramide mit einer nach oben abnehmenden Anzahl von Netzwerkmitgliedern (vermittelnde Kunden bzw. Geschäftspartner). Hauptunterschiede zu klassischen Unternehmen sind die im Netzwerk-Marketing flachen Hierarchien, da die übergeordneten Netzwerkmitglieder keine formale Weisungsbefugnis besitzen. Allerdings weisen Unternehmen oft weniger Hierarchieebenen auf.

Dem unmittelbaren Verkäufer wird – je nach Vergütungsplan – ein bestimmter Teil der Gesamtprovision vergütet.

seit Jahren wöchentlich neue Menschen und erarbeite mir damit ein echtes, passives Einkommen. Als Trainingsmaterial für sie und die Menschen in ihrer Downline schreibe ich dieses Buch.

Viel Spaß mit Ihrem passiven Einkommen

Ihre Anne Schlosser

Der Förderer (engl. „to sponsor" = fördern), der ihn angeworben hat, erhält auf die Umsätze des von ihm angeworbenen Handelsvertreters eine Leistungsvergütung oder Superprovision

1 Vorarbeit: Authentizität

Ein oft unterschätzter Faktor jedes Sponsorings ist die Authentizität. Wer als supererfolgreicher Jungunternehmer auftritt und die Welt davon überzeugen will, genauso wie er zu werden, wird das kaum schaffen, wenn er nicht weiß, wie er seinen (natürlich geleasten) Sportwagen auftanken soll. Ein solcher Unternehmer strahlt seine Unfähigkeit aus und kaum ein Mensch wird in seine Downline eintreten, also als Vertriebspartner oder Subunternehmer für ihn tätig werden.

Meiner Erfahrung nach hätte er mehr Erfolg, wenn er beispielsweise sagen würde: »Ich durchlebe aktuell selbst eine schwere Zeit und habe da etwas gefunden, was mich als Produkt, aber auch als Geschäftsmodell überzeugt hat. Das würde ich dir gern vorstellen, weil ich denke, dass es auch für dich interessant sein könnte.«

Authentizität hat im Kontext von Geschäftsaufbau auch etwas mit Identifikation zu tun. Der Neuunternehmer sollte hinter dem Produkt und der Firma stehen. Wenn Sie nicht daran glauben, dass Ihr Produkt und Ihre Firma super sind, dann werden Sie es sehr schwer finden, jemand anderen dafür zu gewinnen. Auswendig gelernte Produkt- oder Konzept-Vorteile wirken nicht.

Wenn Sie nicht schon eine sehr positive Grundhaltung zu Produkt und Firma haben, sollten Sie zunächst daran arbeiten. Je mehr eigene Begeisterung Sie in die Waagschale werfen können, umso leichter werden Sie auch andere Menschen begeistern.

2 1. Schritt: Das Motiv

Viele Network-Marketing-Menschen, unabhängig von den verkauften Produkten, sind der Schreck jeder Veranstaltung. Ich habe dies an verschiedensten Unternehmer-, Netzwerk- und Klub-Treffen erlebt. Sie greifen sich eine Person nach der andern heraus und beglücken diese enthusiastisch mit ihrem Verkaufsgespräch, in dem sie ihre Produkte oder die Möglichkeit, »passives Einkommen« zu generieren, anpreisen. Je weiter der Abend fortschreitet und je mehr Ablehnung sie erhalten, desto intensiver bearbeiten sie ihre Gesprächspartner.

2.1 Fehlerquelle 1

Wenn Sie das auch so machen, dann gebe ich Ihnen einen Tipp, der allein schon das Hundertfache des Kaufpreises dieses Büchleins wert ist: »Hören Sie sofort auf damit! Sie erreichen mit einer solchen Vorgehensweise nur zwei Dinge: Erstens nehmen selbst Menschen, die eigentlich für Ihr Angebot empfänglich wären, aus purem Selbstschutz Reißaus und zweitens möchte keiner mehr mit Ihnen sprechen. Man wird versuchen, Sie beim nächsten Treffen nicht wieder dabeizuhaben.«

Solche Events sind in der Tat eine wundervolle Möglichkeit, neue Partner und Kunden zu gewinnen, aber sie müssen richtig genutzt werden.

Der erste Schritt ist, dass Sie bei solchen Treffen auf Menschen zugehen, welche Sie noch nicht kennen. Erfolglose Netzwerker hängen immer mit den Menschen herum, die ihnen bereits bekannt sind, und wundern sich dann, dass sich in ihrem Leben nichts ändert. Erfolgreiche Netzwerker gehen auf neue Menschen zu. Sollte Ihnen das Bauchschmerzen bereiten, so verweise ich Sie gern auf meinen Ratgeber zum Thema »Smalltalk für erfolgreiches Network-Marketing«.

An dieser Stelle nur die stark verkürzte Version: Sprechen Sie Menschen an. Diese sind in den meisten Fällen ebenso wie Sie auf solchen Veranstaltungen, um neue Menschen kennenzulernen, und werden Ihnen dankbar sein, dass Sie den ersten Schritt gemacht haben.

2.2 Fehlerquelle 2

Nun treten viele Menschen ins nächste Fettnäpfchen. Sobald das Eis einigermaßen gebrochen ist, beginnen sie, ihrem Gegenüber von ihrem Angebot zu erzählen. Dabei lassen sie mehr oder weniger subtil anklingen, dass genau dies auch für die entsprechende Person das Richtige sei. Sie gehen damit in eine dreifache Falle: Auf diese Weise unterstellen Sie einem weitgehend fremden Menschen, dass dieser genauso tickt wie Sie und somit dieselben Motive und Wünsche hat. Nur weil Sie von einem passiven Einkommen mit ein paar tausend Euros träumen, muss das für Ihr Gegenüber nicht zwingend auch so sein.

Ich selbst habe das relativ früh in einem Gespräch gelernt, wo ich auf dieselbe Art unterwegs war. Mir gegenüber saß ein älterer Herr und so erzählte ich ihm davon, dass ich die beste Möglichkeit wüsste, seine Rente aufzubessern. Ich war mir ganz sicher, dass dies exakt der Punkt sein würde, der ihn begeistern könnte. Leider biss ich damit auf Granit, was ich erst eine Stunde später verstand, als der Sponsor der Veranstaltung auf die Bühne gebeten wurde. Er gehörte zu einer renommierten Privatbank und ich stellte fest, dass ich eine Stunde lang versucht hatte, deren persönlich haftenden Mitbesitzer davon zu überzeugen, dass er mit dem Verkauf von Nahrungsergänzungsmitteln seine Rente aufwerten könnte.

2.3 Fehlerquelle 3

Der dritte, genauso erhebliche Fehler ist, dass Sie mit diesem Vorgehen ein gut anlaufendes Gespräch, wo Sie die Gelegenheit hätten, einen interessanten Menschen kennenzulernen und mit ihm eine persönliche Beziehung aufzubauen, zum Verkaufsgespräch gemacht haben. Kaum ein Mensch geht auf so ein Event, um Nahrungsergänzungsmittel, Küchenutensilien oder Versicherungen zu kaufen. Das ist einfach der falsche Ort.

2.4 Fehlerquelle 4

Falls Sie keinen Menschen kennen, der Ihnen zuhören mag, wenn Sie Ihre Lebensgeschichte, Ihre Ansichten sowie Ihre Wünsche und Träume erzählen, dann ist es womöglich sinnvoll, eine entsprechende Veranstaltung dafür zu nutzen. Hier können Sie Ihren seelischen Stau abbauen oder dem anderen zuhören. Interessieren Sie sich für Ihr Gegenüber und versuchen Sie zu verstehen, wie die Person tickt, was sie bewegt, was aktuell ihre Herausforderungen, aber auch ihre Erfolge sind.

Im besten Fall können Sie von Ihrem Gegenüber etwas lernen und sich selbst weiterentwickeln. Mindestens haben Sie ein nettes Gespräch gehabt. Ihr Zusatznutzen beim Zuhören kann sein, dass Sie durch Ihr Interesse am anderen einen sehr positiven Eindruck hinterlassen.

Wir alle lieben es, von uns zu erzählen, und projizieren das positive Gefühl automatisch auf unser Gegenüber. Wer sich für uns interessiert, muss ein interessanter Mensch sein. Außerdem wird Ihnen der andere sein Motiv, weshalb er Ihr Kunde oder Ihr Geschäftspartner werden könnte, in vielen Fällen auf dem Silbertablett präsentieren.

2.5 Fehlerquelle 5

Nachdem Sie »das Warum« Ihres Gegenübers erfahren haben, liegt scheinbar nichts näher, als diese »Waffe« direkt gegen ihn einzusetzen und ihm die Lösung seines Problems umgehend zu präsentieren. Viele sind verlockt, ihm gleich einen Bestell- oder Antragsschein unter die Nase zu halten. Genau das ist der größte Fehler. Aus dem Gespräch haben Sie womöglich erkannt, weshalb Ihr Angebot optimal auf Ihr Gegenüber passt. Doch dieser ist aktuell nicht aufnahmebereit. Er setzt sich geistig mit dem Thema auseinander und ist ohnehin sehr beschäftigt.

Außerdem gilt immer noch »Fehlerquelle 3«: Sie sind nicht auf einer Verkaufsveranstaltung. Ihr Ziel für den Abend muss sein, die Kontaktdaten Ihres Gegenübers zu erhalten. Nicht mehr und nicht weniger! Notieren Sie sich die Daten und Stichworte zum Gespräch. Vielleicht haben Sie ja Lust, Ihren potenziellen Partner einmal wieder zu treffen. Besprechen Sie einen Folgetermin. Doch Achtung: Terminvereinbarungen für Ihr Network-Business – wie auch immer sie geartet sein mögen – haben hier keinen Platz!

2.6 Beispiele von »Warum«

Immer wieder fragen mich Anfänger, was denn ein vielversprechendes »Warum« ausmache. Die Antwort ist einfach: Für jeden Menschen meint dies etwas anderes. Es ist etwas, das ihn motiviert, antreibt, interessiert, ihm Spaß macht oder ihm Chancen für die Zukunft verspricht. Aber es kann ebenso Angst, Wut oder gar der Wunsch sein, »es jemandem zu zeigen«. Im Folgenden gebe ich ein paar Beispiele von »Warums« von Menschen, die ich im Verlauf meiner Networking-Karriere erlebt habe:

- *Frau M. ist Mutter und Hausfrau. Die Kinder sind tagsüber in der Schule und sie möchte keine feste Stelle annehmen,*

damit sie in den Schulferien für die Kinder da sein kann. Eine selbstbestimmte Network-Marketing-Karriere ist für sie die optimale Lösung, eigenes Geld zu verdienen und dabei nicht das Gefühl zu haben, dass ihren Kindern etwas fehlt.
- *Herr L. ist in seinem Beruf erfolgreich. Er ist aber schon heute der Älteste in der Firma und grübelt, ob dieser Betrieb ihn bis zur Rente beschäftigen wird. Mit Network-Marketing will er sich ein Nebeneinkommen aufbauen, um sich für die Zeit kurz vor der Rente (sowie für die Rentenphase) zusätzlich abzusichern.*
- *Frau S. will ihrer Familie beweisen, dass sie nicht »nur« als Hausfrau taugt, sondern auch etwas auf die Beine stellen kann.*
- *Frau W. ist verwitwet und kommt mit ihrer Rente schlecht durch. Die Zusatzeinnahmen aus dem Network-Marketing ergänzen diese. Zudem lernt sie dadurch viele neue Menschen kennen.*

- *Frau L. hat dank der Diät-Produkte einer Firma über dreißig Kilo abgenommen und möchte anderen Menschen helfen, die ebenfalls unter Übergewicht leiden.*
- *Herr P. ist Personal-Trainer auf Honorarbasis und macht sich durch den Aufbau des Networking-Geschäftes von der »Zeit gegen Geld«-Falle unabhängig. Er nimmt nun endlich auch Geld ein, wenn er krank ist, etwas weniger Aufträge hat oder Urlaub macht. Seine Network-Kunden und -Partner sind größtenteils die Kunden seiner Trainings.*
- *Frau W. träumte seit Jahren von einem Tauchurlaub in der Karibik. Mit ihrem Einkommen in der Gastronomie hätte sie sich dies nie leisten können. Ein passives Nebeneinkommen bringt ihr inzwischen so viel Geld ein, dass sie nun jährlich auf Tauchurlaube in die exotischsten Gegenden der Welt fährt.*
- *Frau G. betreibt ein kleines Friseurgeschäft und kommt damit knapp über die Runden. Seit sie ihren*

Kundinnen nebenbei Schönheitsprodukte anbietet, hat sie nicht nur ihren Umsatz erhöht, sondern auch zusätzliche Kunden gewonnen. Ihre Kundinnen empfehlen jetzt nicht nur Waschen und Schneiden, sondern auch Lösungen für andere Schönheitsfragen.

Diese Aufzählung umfasst bei Weitem nicht alle Motive. Jeder Mensch hat ein anderes »Warum«, das Ihre Angebote für ihn attraktiv macht. Nur wenn Sie das »Warum« eines Menschen kennen – nicht irgendein Warum, sondern das, was ihn wirklich intensiv beschäftigt –, sollten Sie zum zweiten Schritt übergehen.

3   2. Schritt: Interesse wecken

Wie bereits geschrieben: Den zweiten Schritt sollten Sie nur gehen, wenn Sie das »Warum« Ihres Gesprächspartners gefunden haben. Ist das nicht der Fall, schauen Sie besser, dass Sie ihn nochmals treffen (zum Feierabend-Bier, zu Kaffee und Kuchen, bei gemeinsamer Teilnahme an einer Veranstaltung etc.), um weiter nach seinem Motiv zu suchen.

Der zweite Schritt ist ganz einfach: Wenn Sie das »Warum« Ihres Gegenübers kennen, rufen Sie Ihren Gesprächspartner ein paar Tage später an und vereinbaren Sie einen Termin. Dabei ist wichtig, dass dieser Anruf nicht zu früh kommt. Sie wollen ja nicht den Eindruck erwecken, dass Sie sich nur mit ihm unterhalten, um ihn zu sponsoren. Auf der anderen Seite darf das Telefonat nicht zu spät stattfinden, denn der andere soll sich noch positiv an Sie und das gemeinsame Gespräch erinnern.

Dieser Anruf könnte sich in etwa so anhören: »... wir hatten an Tag x so ein interessantes Gespräch bei ... Dabei haben Sie mir erzählt, dass Sie ... Das ist mir nicht aus dem Kopf gegangen und es könnte sein, dass ich dafür eine passende Lösung wüsste. Lassen Sie uns in den nächsten Tagen einmal zusammensitzen. Vielleicht könnte das, woran ich denke, für Sie passen.«

3.1 Fehlerquelle 6

Auch in der Phase des Telefonats können Sie einiges falsch machen. Zum einen wird Ihr Gegenüber Sie womöglich fragen, worum es sich denn handle. Vermeiden Sie es, hier schon Auskunft zu geben. Das ist nicht immer einfach. Am besten gelingt es mir, wenn ich hier nichts verrate und darauf verweise, dass ich zunächst noch mit ihm klären möchte, ob ich ihn richtig verstanden habe. In manchen Fällen sage ich auch, dass ich ihm die Lösung vor Ort zeigen müsse, und selbst wenn sie nicht passe, würde ich mich einfach freuen, ihn wiederzusehen und unser interessantes Gespräch zu vertiefen. Denken Sie daran: Druck erzeugt Gegendruck, und das kostet Sie in fast jedem Fall Ihren potenziellen Kunden.

3.2 Fehlerquelle 7

Der zweite Fehler, der in dieser Situation gemacht wird, ist es zu sagen, man habe die Lösung. Sobald Sie eine Behauptung aufstellen, lösen Sie in Ihrem Gegenüber den Reflex aus, diese zu bewerten. Doch wenn die vorgeschlagene »Lösung« im normalen Denkschema Ihres Gegenübers nicht vorkommt, ist das Risiko für eine Ablehnung sehr hoch. Das ist vollkommen unnötig.

Formulieren Sie das Ganze in Form einer Frage, im Sinne von: »Ich habe vielleicht eine Lösung. Lassen Sie uns prüfen, ob das passt«. Damit geben Sie Ihrem Gegenüber nicht das Gefühl, ihm etwas verkaufen zu wollen, sondern mit ihm gemeinsam ein Angebot zu evaluieren. Er wird Ihre Einladung zum Gespräch eher annehmen, wenn er vermittelt bekommt, dass er Nein sagen kann, ohne dass das zum Problem für Sie wird.

Es ist sinnvoll, die Frage nach dem Termin nicht ganz offenzulassen. Bieten Sie Ihrem gegenüber zwei Termine zur Auswahl, wann Sie Zeit hätten, eventuell in der Gegend sind etc.

4 3. Schritt: Informieren

Sie haben nun zwei Schritte erfolgreich gemacht und Ihre zeitlichen Kosten werden immer höher. Trotzdem: Bauen Sie keinen Druck auf, weder für sich selbst noch für Ihren Gesprächspartner. Druck erzeugt Gegendruck, und genau den können Sie nicht brauchen.

4.1 Fehlerquelle 8

Kommen Sie zu dem Gespräch nicht wie ein Verkäufer. Powerpoint, Handouts und alles Übrige können Sie getrost daheim lassen. Vereinbart war, dass man über eine Idee von Ihnen sprechen würde. Nicht, dass Sie ihm einen Vertrag vor die Nase halten werden. Ich selbst habe in solchen Gesprächen nur einen großen Block und zwei Stifte in unterschiedlichen Farben dabei.

Bleiben Sie im Gespräch offen. Sie sind nicht

hier, um einen Abschluss zu machen, sondern um gemeinsam zu prüfen, ob die Idee, welche Sie haben, für ihn interessant klingt und zur Befriedigung seines »Warums« dient. Skizzieren Sie dem Gegenüber Ihren Einfall auf dem Papier (auch schlecht gezeichnete Bilder sind besser als Vier-Farben-Handouts).

Steigt Ihr Gegenüber auf die Idee ein, sollten Sie einen Termin für den Abschluss vereinbaren. Manche Verkäufer haben die entsprechenden Materialien schon dabei. Ich wiederum trenne bewusst zwischen beiden Terminen, um meinem Gegenüber nicht den Eindruck zu geben, ihn irgendwie manipuliert zu haben. Das sollte aber jeder für sich selbst herausfinden, wie es bei seinen Kunden am besten passt.

4.2 Fehlerquelle 9

Es gibt nach wie vor Menschen, die predigen: »Nein = noch eine Information nötig.«

Das ist einfach Nonsens. Menschen haben das gute Recht, zu einem bestimmten Zeitpunkt einen gewissen Schritt nicht zu machen. Das haben Sie zu akzeptieren und das auch klar zu kommunizieren. Wer in der Situation Druck aufbaut und sein Gegenüber mit Argumenten weichzukochen versucht, verdirbt alles, was er bisher aufgebaut hat.

Ihr Gegenüber hat nun Ihren Lösungsansatz gehört und schätzt es, in seinem Entschluss ernst genommen zu werden, egal wie dieser ausfällt. Bei mir bewährt hat sich, besagte Person in meine »Noch-nicht-Kartei« einzusetzen und den Kontakt zu halten. Das bedeutet nicht, dass ich ihr täglich auf den Wecker falle, sondern ihr ab und zu interessante Informationen zukommen lasse, natürlich keine Werbung. Vielmehr sende ich ihr etwas zu, das zu ihrem Thema passt, teile ihr Neuigkeiten mit, wenn ich sie hie und da treffe, oder lade sie zu einer Veranstaltung meines MLM-Unternehmens ein. In der Branche sprechen wir hier von »wässern«, so wie man ein Pflänzchen gießt, damit es größer wird.

Meine Erfahrung zeigt, dass ich über kurz oder lang (das kann auch mal über ein Jahr dauern) die überwiegende Zahl der Menschen zum erfolgreichen Abschluss führe, deren »Warum« ich wirklich getroffen habe. Außedem empfehlen mir Menschen, die so wertschätzend behandelt werden, häufig Leute aus ihrem Umfeld, noch bevor sie selbst einsteigen. Sie sind sich sicher, dass ich auch mit diesen wertschätzend und positiv umgehen werde.

5 Abschluss

Sie haben Ihr Ziel erreicht. Sie sind im Abschlussgespräch. Im Idealfall haben Sie alle Fragen bereits geklärt und nun geht es darum, dass Sie den Vertrag abschließen.

Trotzdem passieren auch hier noch viele Fehler. Ganz viele Verkäufer haben Angst, Ihr Gegenüber könnte Nein sagen, und stellen nicht die Abschlussfrage. Lassen Sie Ihr Gegenüber wissen, wie es sich in ein Unternehmen einschreibt[3] oder die Ware bestellt. Im Idealfall füllen Sie die Anmeldung mit ihm gemeinsam aus.

Wenn Ihr Gegenüber gleich unterschreibt, haben Sie gewonnen. Wenn nicht, fragen Sie einfach, was noch benötigt werde, um zu unterzeichnen. Womöglich kann die Frage noch »am Tisch« beantwortet werden und

---

[3] In unterschiedlichen Unternehmen werden hier unterschiedliche Ansätze gewählt: Partnervertrag ausfüllen, Franchise kaufen, Erstbestellung machen…

falls nicht, haben Sie später einen Grund zum Nachfragen.

Sofern das Thema »Abschluss« Ihnen Bauchweh bereitet, hilft Ihnen vielleicht mein demnächst erscheinender Ratgeber zu diesem Thema weiter.

6 Nachwort

Lieber Leserin, lieber Leser,

Sie haben sich nun durch die drei Schritte des Verkaufens hindurchgearbeitet und die am weitesten verbreiteten Fehler kennengelernt. Jetzt geht es darum, die Dinge zu üben und umzusetzen. Sie werden feststellen, dass womöglich nicht alles beim ersten Versuch klappt. Das ist vollkommen normal. Geben Sie sich die Zeit zu lernen und Ihre persönliche Technik zu optimieren. Letztlich werden Sie nicht nur Ihre Downline oder Ihre Kundenliste vergrößern, sondern auch mit jeder Menge interessanter Menschen in Kontakt treten.

Der Untertitel des Buches lautet »Garantierter Sponsoring-Erfolg in drei einfachen Schritten«. Ich bin mir bewusst, dass dies hoch gegriffen ist, und natürlich werden Sie mit der besten Technik nicht 100 Prozent Ihrer Gespräche zu einem Abschluss führen.

Könnte das irgendeine Methode leisten, wären wir wohl eher im Bereich der Esoterik als im Business oder Multi-Level-Marketing.

Was ich Ihnen aber in jedem Fall versprechen kann, ist, dass Sie durch das Einüben und Anwenden der genannten drei Schritte Ihre Rekruiting-Erfolge drastisch erhöhen werden. Eine Erhöhung von 1:30 auf 1:3 ist ein riesiger Erfolg, den Anwender durchaus schon erreicht haben. Außerdem reduziert das beschriebene Vorgehen gerade für die Menschen, die Angst vor einem »Nein« haben, das Risiko enorm.

Ich wünsche Ihnen viel Spaß, jede Menge nette Kontakte und viel geschäftlichen Erfolg!

Ihre Anne Schlosser

PS: Ich freue mich, wenn Sie ein Feedback für dieses Buch hinterlassen. Sie geben mir damit die Möglichkeit, mich und meine Methode laufend zu optimieren.